Vera F. Birkenbihl

30 Minuten: So erstellt man WISSENs-Quiz-SPIELE©

Bibliografische Information Der Deutschen Bibliothek

Die Deutsche Bibliothek verzeichnet diese Publikation in der Deutschen Nationalbibliografie; detaillierte bibliografische Daten sind im Internet über http://dnb.ddb.de abrufbar.

Abbildungen: Vera F. Birkenbihl
Umschlag und Layout: HDR Repro GmbH, Offenbach
Lektorat: Ute Flockenhaus, Fischerhude
Satz: Wegner-Repke Typographie & Design, Offenbach
Druck und Verarbeitung: Salzland Druck, Staßfurt

Hinweis:
Das Buch ist sorgfältig erarbeitet worden. Dennoch erfolgen alle Angaben ohne Gewähr. Weder Autor noch Verlag können für eventuelle Nachteile oder Schäden, die aus den im Buch gemachten Hinweisen resultieren, eine Haftung übernehmen.

Printed in Germany

ISBN 3-89749-399-3

Vorwort von Vera F. Birkenbihl

Ja – es ist möglich, Wissen in Spielform anzubieten! Wenn dabei mehrere Neuro-Mechanismen aktiviert werden, wird Lernen tatsächlich kinderleicht, macht Spaß und wird trotzdem um ein Mehrfaches effizienter als normale Vorgehensweisen.

Eine Variante der neuen Spiele ist das sog. WISSENs-Quiz-SPIEL©. Allerdings muß der Aufbau dieser Art des WISSENs-Quiz-SPIELs gewissen Spielregeln folgen (so muß etwas vom WESEN der Fragestellung transportiert werden, im Gegensatz zu oberflächlichen Quiz-Spielen).

Dieses Büchlein kann als Gebrauchsanleitung zum „Basteln" dieser WISSENs-Quiz-SPIELE gesehen werden.

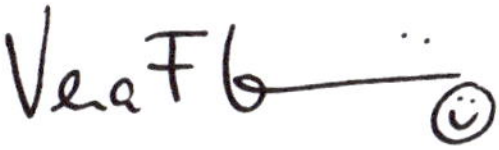

www.birkenbihl.de

November 2003

Inhalt

1

Modul 1 – das WISSENs-Quiz-SPIEL©

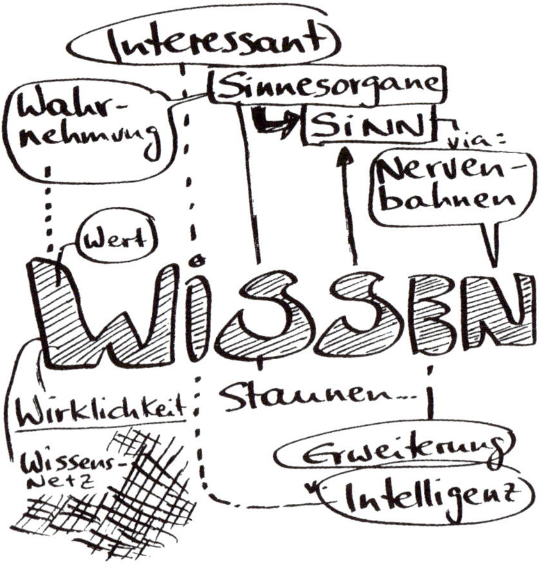

Dieses Dokument stellt die Idee der WISSENs-Quiz-SPIELE© vor. Damit meine ich eine bestimmte Art, mit WISSEN zu spielen, indem wir als **Lernende** oder **Lehrende** Infos in ein besonderes Quiz-SPIEL „verpacken". Der vorliegende Text soll **grundsätzlich in die Technik einführen** (Details folgen in dem Zwillings-Buch: „Trotzdem lernen!" und „Trotzdem lehren", im Sommer 2004). Hier also die Quintessenz:

Herkömmliches Lernen/Lehren (2 Seiten derselben Medaille) **ist leider oft nicht gehirn-gerecht** (entspricht also keinesfalls der Arbeitsweise unseres Gehirns), d.h. gewisse Neuro-Mechanismen werden nicht „bedient".

Beispiel: Unser Gehirn muß mindestens 2 Info-Bits auf einmal erhalten, ein einzelnes ist de facto **nicht** wahrnehmbar. Deshalb sollte man z.B. beim Übermitteln von Zahlen am Telefon jeweils **zwei Ziffern zusammen** aussprechen und dann eine kleine Pause machen, statt jede Ziffer einzeln zu nennen. Dies ist genau so ungünstig wie zahlreiche „typische" Merk- und Lernprobleme in Schule und Ausbildung. Ein Großteil dieser Lernprobleme wird dadurch provoziert, daß (derzeit noch!) zu viele Lerner/LehrerInnen von diesen Neuro-Mechanismen zuwenig (oder gar nichts) wissen. Aber die Gehirnforschung hat Bahnbrechendes herausgefunden.

Die Quintessenz steckt (ab Sommer 2003) in meiner neuen **Doppel-Checkliste*:** (links) sehen Sie die wichtigsten Neuro-Mechanismen und (rechts) strategische Maßnahmen, um den Grad der Gehirn-Gerechtigkeit zu erhöhen – **10 „Nicht-Lern Lern-Strategien©"** (neudeutsch: **10 Non-Learning Learning Strategies©**).

Einen ersten Überblick (Kurz-Beschreibungen) finden Sie in den Merkblättern 1 + 2 (ab Seite 60).

1	Wahrnehmen = VERGLEICHEN	ABC-Listen, Stadt-Land-Fluß-Spiele	1
2	Denken = ASSOZIATIV	KaWa.s©	2
3	Sofortige RÜCKMELDUNG	Ball-im-Tor-Effekt	3
4	Fragen öffnen den Geist	Explorer/Jäger sein	4
5	SPIEL-Trieb nutzen	Ideen generieren/konsultieren	5
6	RUNDUM-Gedächtnis	Imitations-Spiele, Persiflage, Karikatur & EINFACHE Variationen	6
7	Abstraktion und Metaphern	Das WESEN-tliche suchen	7
8	Das Unbewußte nutzen	Quiz-, Rätsel- und Rate & Wissens-Sammelspiele	8
9		Komplexe Variationen aller Art	9
10		Zitate, Definitionen, Metaphern, Vergleiche	10

* Die Checkliste ist noch im Entwicklungsstadium, es kann sein, daß wir die Strategie 6 und 9 später zusammenfassen. Diese Option lassen wir uns hier offen.

Mithilfe dieser Doppel-Checkliste können **Lernende** wie **Lehrende** eine **schnelle Einschätzung** des Lernmaterials vornehmen. Ab jetzt können „Opfer" **nicht gehirn-gerechten** Unterrichts diesen gehirn-gerecht an-REICH-ern, um **trotzdem** zu **lernen.** Gleichermaßen können „Täter" ihre Präsentation **im Vorfeld bereits CHECK-en** und strategisch an-REICH-ern, so daß motivierte Lehrkräfte (in Schule wie Wirtschaft) in Zukunft **trotz** eines widrigen Schulsystem gehirn-gerecht lehren können. Das Zwillings-Buch hierzu erscheint 2004 bei GABAL und wird beiden, Lernenden wie Lehrenden, eine Fülle von Hilfestellungen und Techniken anbieten, wie das konkret aussehen kann. Jedenfalls gilt die Faustregel:

Wenn wir merken, daß die Darbietung im Unterricht oder beim selbständigem Lernen weniger als 4 Neuro-Mechanismen (linke Spalte) **aktiviert, sollten wir strategisch** (rechte Spalte) **gegensteuern. Denn wir müssen ein Minimum an Neuro-Mechanismen bzw. strategischen Maßnahmen aktivieren:**

- **unter 3 ist Lernen neurophysiologisch unmöglich,**
- **ab 4 wird es möglich, ist aber noch „schwer",**
- **mit 5 wird es erträglich,**
- **ab 6 wird Lernen spielerisch und**

- **ab 7 IST es ein Lern-SPIEL geworden. Dabei definieren wir SPIEL wie folgt:**

Lernen
„passiert"
einfach
immer
(bei)
Spannung!

Jetzt können Sie nachvollziehen, warum die WISSENs-Quiz-SPIELE so erfolgreich sind. Allein auf der Seite der Neuro-Mechanismen aktivieren Sie schon mindestens ...

1 VERGLEICH,
2 freies, ASSOZIATIVES DENKEN,
3 SOFORTIGE Rückmeldung = Kontrolle,
4 FRAGEN öffnen den Geist – das gilt auch, wenn wir „nur" SPIELEN und
5 Die Lust am SPIEL. Dadurch ist sehr wahrscheinlich, daß auch Nummer
6 aktiviert und das RUNDUM-GEDÄCHTNIS© eingeschaltet wird.

Somit haben wir bereits das **Minimum,** das Lernen **SPIEL-erisch** macht, aber wir **gewinnen** auch auf der **strategischen Seite** mit **Nr. 3** (BALL-IM-TOR-Effekt©), **Nr. 4** (innere FORSCHER-Haltung) und **Nr. 8** (eigene FRAGEN formulieren, wenn wir [als Quizmaster] einen Teil des Wissensstoffes in ein WISSENs-Quiz-SPIEL „packen"). So kommen wir auf mindestens **7 Faktoren** (5 Neuro-Mechanismen und 2 strategische). Damit erreicht Lernen den Punkt, an dem es ein SPIEL wird (wie auf S. 6 definiert), nach dem Motto:

Wir können Lernen gar nicht verhindern, wiewohl wir nur ein WISSENs-Quiz-SPIEL spielen.

Was will man mehr?

Es gibt nur noch eine kleine Schwierigkeit, nämlich ein großes Mißverständnis, was ein **WISSENs-Quiz-SPIEL©** von einem einfachen **Quiz-**Spiel unterscheidet. Denn die besondere Variante eines echten **WISSEN**s-Quiz-SPIELs entspricht der **8. Nicht-Lern LERN-Strategie** und muß gewissen Kriterien genügen, damit seine neurologische Funktion gewährleistet ist. Das Birkenbihl'sche **WISSENs-Quiz-SPIEL©** unterscheidet sich nämlich sowohl vom normalen Quiz als auch vom herkömmlichen Lernen.

Was bringt ein WISSENs-Quiz-SPIEL©?

Lernende („Opfer") können den eigenen Lernvorgang optimieren, indem sie aus den Daten, Fakten und Informationen WISSENs-Quiz-SPIELE „basteln".

Dies ist erstens weit interessanter als jede Art von sturem Pauken/Büffeln. Das Erstellen eines WISSENs-Quiz-SPIELs ist eine eigenständige spannende Tätigkeit, bei der man den Stoff ganz anders „durchgeht" als bei herkömmlichem „Lesen". Zweitens ist die Fähigkeit, überhaupt Fragen zu stellen, ein wichtiges Denk-Tool an sich, das bei herkömmlichem Lernen so gut wie nicht trainiert wird. Wir haben ein Thema aber erst „halbwegs verstanden", wenn wir die ersten eigenen Fragen hierzu formuliert haben. Bei großen Mengen Lernstoff können mehrere Leute den Stoff unter sich aufteilen, jeder erstellt ein WISSENs-Quiz-SPIEL für „seinen" Bereich, in den anderen Bereichen ist man SpielerIn, wenn der zuständige Quiz-Master seinen Teil als Quiz präsentiert. Wenn vier Leute sich 40 Seiten Textbuch aufteilen, wird jeder Quizmaster für 10 Seiten und bleibt „nur" WISSENs-Quiz-SPIELER/SPIELERIN für die **restlichen** 30 Seiten. Diese Art der Vorbereitung ist weit spannender und weniger Zeit-intensiv als herkömmliche „Prüfungs-Vorbereitungen" und erlaubt einem, sich im Schnitt eine Note 3 (oder 2) zu erarbeitet; wer die 2 mit Sicherheit oder gar eine 1 will, sollte in **allen** Teil-Bereichen **sowohl** ein eigenes WISSENs-Quiz-SPIEL „basteln" (Quizmaster sein) **als auch** sämtliche WISSENs-Quiz-SPIELE der anderen gespielt haben.

Aber unabhängig von Schulen und Prüfungen gibt es Tausende von Situationen, in denen wir alle schnell etwas lernen wollen – seien dies nun wichtige Infos über einen neuen Kunden, ein neues Produkt oder was auch immer. Schließlich ist **lebenslanges Lernen** die **Eintrittskarte in die Zukunft einer Informations- oder Wissens-Gesellschaft,** also **betrifft das leichtere Lernen** neben „professionellen" Lernern (SchülerInnen, StudentInnen, KursteilnehmerInnen) **eigentlich die meisten von uns.**

Lehrende*** („Täter") **können die Art ihrer Unterweisung (Erklärung etc.) so gestalten, daß sie möglichst gehirn-gerecht wird.**

*** Bitte berücksichtigen Sie, daß weit mehr Menschen belehrend, unterweisend, erklärend etc. „zugange sind" als wir im ersten Ansatz denken. Von Verkäufern mit erklärungsbedürftigen Produkten oder Dienstleistungen über Führungskräfte, die ein- oder unterweisen, bis zu Eltern, PartnerInnen, Freunden, die etwas „erklären" wollen. Die meisten von uns tun regelmäßig „nebenamtlich" als LehrerInnen Dienst. Also betrifft **auch diese Seite unserer Lernen/Lehren-Medaille so gut wie jede/n!**

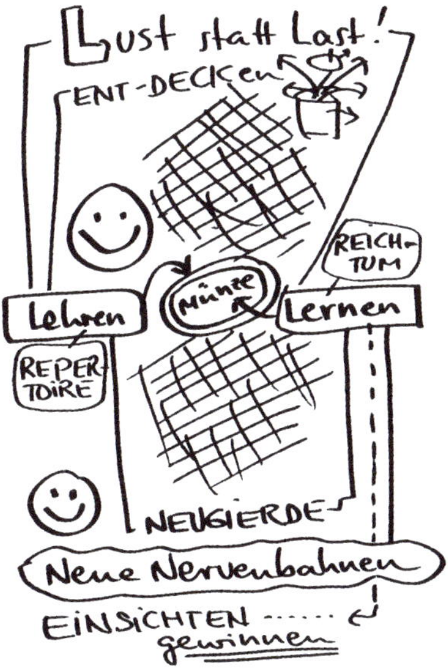

Der Unterschied zwischen einem einfachen Quiz und einem echten WISSENs-Quiz-SPIEL©

In einem meiner Büchlein („Intelligente Partyspiele") geht es um Spiele, die uns intelligenter machen oder uns helfen, geistig fitter zu werden. So zeigt z.B. **ein** Modul (Lebens-Spiele) Anti-Alzheimer-Aktivitäten auf! In diesem Büchlein differenziere ich bereits zwischen einem normalen oberflächlichen Quiz-Spiel und einem Quiz, wie ich es mir wünsche. Dort stelle ich eine konkrete Spiel-Möglichkeit vor, bei der Sie eine **TV-Quiz-Aufzeichnung** nutzen, aber die **intelligente vfb-Quiz-Variante** spielen! Sie können sich vorstellen, daß diese stark vom Vorgehen des TV-Quiz-Spiels abweicht.

Heute gehen wir einen Schritt weiter und fragen uns, wie wir **mit (neuem) Wissen spielen** können. Mit Wissen, das wir uns „einverleiben" sollen, das wir in unsere INNER-es bringen wollen, so daß wir uns später an dieses Wissen er-**INNERN** werden, im Klartext: Mit Lehr- oder Lernstoff.

Ich bat einige Personen, denselben Artikel aus der SZ zu lesen und mir dazu ein WISSENs-Quiz-SPIEL zu basteln. Diese wollte ich zum Vergleich anbieten, damit man sehen könnte, welche WISSENs-Quiz-SPIELE verschiedene Menschen zum selben Dokument „basteln". Ich wollte aufzeigen: Wie sehen die unterschiedlichen Fragen aus, die man sich zum selben Text ausdenken kann? Wie oft bieten unterschiedliche Spieler als Quizmaster identische Fragen an? Wählen sie dieselben Fakten aus, oder deuten ihre Fragen auf **andere Aspekte** des Artikels? – Die Ergebnisse diverser Quiz-Master trudelten hier ein, ich betrachtete sie jedoch (wie immer) erst, nachdem ich (unbeeinflußt) mein eigenes Quiz gebastelt hatte. Dann begann ich sie untereinander und mit meinem WISSENs-Quiz-SPIEL zu vergleichen. Was die **Fragen** anging, so sah ich in etwa, was ich erwartet hatte (vgl. Kapitel: SZ-Artikel – zwei weitere Beispiele),aber bezüglich der Antworten wurde es dramatisch. Ich hatte angenommen, es müsse jedem meiner Kandidaten sonnenklar sein, daß ANTWORTEN (die wir als Quizmaster geben), das **WESEN-tliche des Themas** (zumindest ansatzweise) herausarbeiten müssen. Ein nacktes „Ja", oder „40 %" kann doch nicht reichen! Damit kann doch kein/e SpielerIn später etwas anfangen. Mit **„WESEN-tlich"** meine ich übrigens immer die brillante Definition von Winfried d'AVIS:

Eine Info ist dann WESEN-tlich (meine Schreibweise), **wenn sie uns etwas über das WESEN dessen sagt, worum es geht.**

Ich zitiere in diesem Zusammenhang immer gerne die berühmten brennenden Lagerhallen von Neil POSTMAN, die solange keine echte Nachricht darstellen, als sie uns nichts über das WESEN von Lagerhallen, Feuer, Feuer in Lagerhallen etc. vermitteln. Hier treffen sich also POSTMANs Forderung nach „echten Nachrichten" und die von d'AVIS nach WESENT-lichen Informationen. Wenn unsere WISSENs-Quiz-SPIELe sich **vom sturen Pauken abheben** sollen, dann doch weil wir etwas über **das WESEN der Dinge** lernen! In meinem WORT-Bild (KaWa©) zu Pauken steht das „K" in der Mitte für das **kognitive Vakuum** im Gegensatz zur erwünschten **kognitiven Kompetenz,** die mit **echter Wissens-EINNAHME** einhergehen sollte!

* Die meisten Begriffe in diesem WORT-Bild dürften einleuchten, nur das „P" bezieht sich auf die ebenfalls brillante Idee der Harvard-Professorin Ellen J. LANGER. Sie entwarf die wunderbare Metapher, in der sie das Pauken mit dem Schlucken-Müssen von verschlossenen PAKETEN vergleicht. Bei einem oberflächlichen Quiz-Spiel ist es ähnlich wie oft

in der Schule auch: da müssen wir jede Menge nackter Daten und Infos „fressen“, die wir entweder nicht begriffen haben oder die uns einfach nichts „sagen“ – eben weil sie vollkommen un-WESEN-tlich sind. Im Gegensatz zu einem WISSENs-Quiz-SPIEL, bei dem wir als Quizmaster die Dinge selbst in „Pakete“ packen und hinterher wissen, was drin ist, oder bei dem wir als SPIELER und SPIELERINNEN ebenfalls erfahren, was der Quizmaster hineingepackt hat. Sonst könnten wir ja gleich normal pauken, oder?!

Und so waren die Antworten meiner Kandidaten in den aus dem SZ-Artikel hergeleiteten WISSENs-Quiz-SPIELEN: nackte Daten, **verschlossene Pakete.** Unter ihnen befinden sich einige Lehrkräfte (!! – tja, die kennen es auch nicht anders!!), aber auch AusbilderInnen in Industrie und Wirtschaft sowie freie TrainerInnen. Somit sah ich also, daß das, was sie mir anboten, leider für das echte WISSENs-Quiz-SPIEL nicht geeignet war. Was mich besonders erschreckte war: Es gab (in der ersten Gruppe) keine einzige Ausnahme.

SZ-Artikel – die ersten drei Fallbeispiele

Vorbemerkung: Den Titel (und Autor) der Artikels verrate ich erst am Ende dieses Absatzes, da ich Ihnen die Chance bieten möchte, völlig **unvoreingenommen** auf die nachfolgenden Fragen zu reagieren. Spielen Sie mit?

Es folgen zwei Varianten des WISSENs-Quiz-SPIELs **zu demselben SZ-Artikel:**

1. eines der eingereichten Dokumente (Autor B-I, männlich, Schriftsteller und Seminarleiter),
2. meine eigene Version (vfb) zum Vergleich.

Es folgt die erste Quiz-Runde (in der nur die Fragen angeboten werden, so daß alle MitspielerInnen antworten (gerne auch raten) können. Optimal ist es immer, die Antworten zu notieren, damit man in Runde 2 vergleichen kann!

BEISPIEL 1: B-I Fragen **RUNDE 1**

1. Wie viele Studenten schickt Indonesien jedes Jahr zum Studieren ...
   a) in die USA? ______________
   b) nach Deutschland? ______________
2. Wieviel Prozent der in Deutschland Studierenden sind Ausländer? ______________

3. War Deutschland bis in die Weimarer Republik ein attraktives Land für ausländische Forscher?
   ☐ Ja ☐ Nein
4. Wieviel Prozent der **deutschen** Studenten, **die in Deutschland auch promovieren**, wandern **anschließend** in die **USA** aus? ________

BEISPIEL 2: vfb Fragen **RUNDE 1**

Genaugenommen hat mein WISSENs-Quiz-SPIEL mehr als 4 Fragen, aber zum Vergleich stelle ich ebenfalls vier meiner Fragen vor:

1. Normalerweise gehen wir davon aus, die meisten Forschungsleistungen einer Nation werden von den Angehörigen dieser Nation erbracht. Wie hoch schätzen Sie den Anteil landeseigener Forschung?

   ____
2. Wieviel Prozent der Studenten in Deutschland sind ...
   a) Ausländer? ________
   b) Deutsche? ________
   (Diese Frage hatte auch B-I gestellt.)
3. In den USA werden viele Forschungs-Leistungen von Ausländern erbracht.
   Welches sind die drei größten Ausländer-Gruppen in Amerika? ____________________

4. Welche Bedeutung hat es, wenn Ausländer nicht gerne in einem bestimmten Land studieren wollen? Ihre Meinung?

Wenden wir uns nun der zweiten Spielrunde zu, in der wir unsere Antworten mit den Antworten des jeweiligen Quizmasters vergleichen. Wir beginnen wieder mit B-I.

BEISPIEL 1: B-I Fragen & Antworten RUNDE 2

1. Wie viele Studenten schickt Indonesien jedes Jahr zum Studieren ...
   a) in die USA? Antwort: 17000
   b) nach Deutschland? Antwort: 1200
2. Wieviel Prozent der in Deutschland Studierenden sind Ausländer?
   Antwort: 4 % (gemeint sind natürlich Ausländer, die aus ihrem Heimatländern anreisen, nicht sogenannte „ausländische" Studenten, die hier geboren oder zumindest aufgewachsen sind)
3. War Deutschland bis in die Weimarer Republik ein attraktives Land für ausländische Forscher?
   ☐ Ja ☐ Nein Antwort: Ja
4. Wieviel Prozent der **deutschen** Studenten, **die in Deutschland auch promovieren**, wandern **anschließend** in die **USA** aus?
   Antwort: 15,3 %

Ich betone nochmals: **Wenn wir unser Wissens-Quiz wie ein oberflächliches TV-Quiz aufziehen, geht seine Wirkung wohl kaum über die eines Kreuzworträtsels hinaus.** Dann ist es ein Quiz-Spiel, aber eben kein WISSENS-Quiz-SPIEL© nach Birkenbihl. Deshalb möchte ich Ihnen nun zum Vergleich zwei Variationen vorstellen:

1. **Die Antworten auf meine Fragen** (S. 25 ff.); sie zeigen wie ich mir die Antworten auf ein echtes WISSENs-Quiz-SPIEL vorstelle, so daß man beim Hören oder Lesen der Antwort (mindestens ein wenig) neues WISSEN erhält. Zwar gibt es keine Garantie, ob eine/r unserer HörerInnen oder LeserInnen diese Details kennt, aber wenn ich außer einem nackten „15,3 %" weiter nichts anbiete, dann ist das einfach zu wenig! Und daß man aus den Antworten einiges machen hätte können, zeige ich Ihnen als letztes.
2. **Er-WEIT-erte Variante der B-I Antworten**
   Grundlage ist natürlich jeweils derselbe SZ-Artikel, aber bitte beachten Sie: Während mein erstes Beispiel sich strikt an den Text hält, wie das z.B. Schüler/StudentInnen tun, die nur das Nötigste tun wollen, um durchzukommen, kann man auch darüber hinausgehen. Dadurch aktivieren wir den **strategischen**

Ansatz Nr. 4 (EXPLORER), indem wir auf geistige Abenteuer aus sind und **mit Forschergeist** an die Sache herangehen, weil wir **mehr wissen wollen**. Das zeige ich Ihnen im letzten Beispiel, in der angeREICH-erten Variante der B-I-Antworten. Wohlgemerkt: **Kein** WISSENs-Quiz soll versuchen, **alle Daten und Fakten des Beitrags** (der Lektion, des Textbuch-Kapitels etc.) „zu verpacken", sondern nur einige. Was wir selber (als Quizmaster d.h. Fragesteller) verpackt haben, ist uns später bekannt. Aber den SpielerInnen müssen wir als Quizmaster ebenfalls genug erzählen, daß sie in unser Daten-Paket hineinblicken dürfen, wenn das ganze Sinn machen soll. Also erwarten die SpielerInnen genügend Antwort von uns, um

a) **Verständnis für die zentrale Frage** (das WESEN-tliche) und

b) **Interesse für mehr** zu entwickeln.

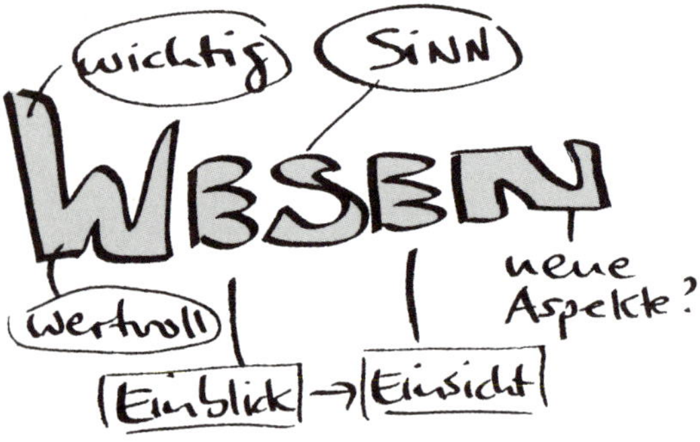

Ein WISSENs-Quiz-SPIEL kann übrigens auch als ERSTER EINSTIEG, als ERSTE HINFÜHRUNG in eine neue Themenstellung eingesetzt werden, nach dem Motto „... daß dann später mehr (Unterricht, Unterweisung etc.) folgen wird". Es ist ein dramatischer Unterschied, selbst wenn man „total normalen Frontal-Unterricht" mit Leuten macht, die durch ein WISSENs-Quiz-SPIEL ein wenig vorbereitet und an die Materie herangeführt worden waren!

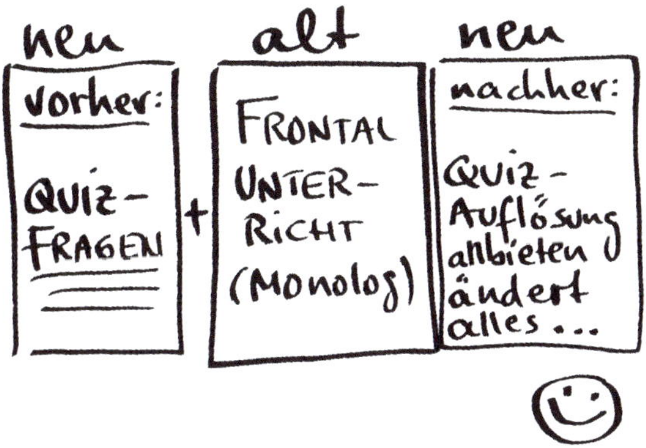

BEISPIEL 2: vfb Fragen & Antworten RUNDE 2

1. Normalerweise gehen wir davon aus, daß die meisten Forschungsleistungen einer Nation von den Angehörigen dieser Nation erbracht werden. Wie hoch schätzen Sie den Anteil landeseigener Forschung?

Antwort: Die Frage war in dieser Form unzulässig (ha ha), denn das sind in verschiedenen Ländern unterschiedlich viele/wenige. Beispiel: In Deutschland sind es 90 %.
Wie aber sieht das in den USA aus? Was schätzen Sie diesmal?

____

In den USA werden ungefähr die Hälfte aller Forschungs-Leistungen von Ausländern erbracht, also ca. 50 %. Diese ForscherInnen sind sowohl Menschen, die **dort** studierten und dann in den USA blieben, als auch ForscherInnen, die in anderen (oder ihren eigenen!) Ländern studierten und erst dann in die USA gingen.

Beispiel: Wieviel Prozent der deutschen Studenten, die hier promovieren, gehen **anschließend in die USA**. (Sie wissen es jetzt ja schon: s. oben)

2. Wieviel Prozent der Studenten in Deutschland sind
   a) Ausländer? __________
   b) Deutsche? __________
   Antwort: Es sind 96 % Deutsche, weil nur 4 % ausländische Studenten in Deutschland studieren wollen! Um nur ein Beispiel zu nennen: Wie viele Studenten schickt Indonesien jedes Jahr zum Studieren ...

a) in die USA? ____________

b) nach Deutschland? ________

(vgl. Frage 1 von B-I, S. 22)

Der Autor des Artikels lädt uns in diesem Zusammenhang ein, zu bedenken, daß Indonesier ja nicht gerade in Geld schwimmen. Trotzdem studieren die meisten lieber in den USA für teures Geld als **kostenlos in Deutschland**, das könnte uns doch sehr nachdenklich machen, oder?

3. In den USA werden viele Forschungs-Leistungen von Ausländern erbracht. Welches sind die drei größten Ausländer-Gruppen in Amerika?
   Antwort: Wir sahen bereits, daß ca. 50 % der Forschungs-Leistungen in den USA von Ausländern erbracht werden. Die drei größten Forscher-Gruppen:
   1. Chinesen,
   2. Japaner und
   3. Deutsche (derzeit 20.000).

   Einige Deutsche sind Preisträger, die ihre wichtigen (d.h. preiswürdigen) Entdeckungen in den USA machen (wie der deutsche Nobel-Preisträger für Medizin, 1999, Günter BLOBEL).

4. Welche Bedeutung hat es, wenn Ausländer nicht gerne in einem bestimmten Land studieren wollen? Ihre Meinung?

   ____

   ____

   Antwort: Es mag banal klingen, aber zunächst einmal gilt: Ausländer wollen genau dort studieren, wo man gut studieren kann. Im Klartext: Wollen Ausländer in einem Land (wie Deutschland) weder studieren noch forschen, dann bedeutet das im Umkehrschluß, daß dieses Land auch für Einheimische uninteressant ist (sonst würden ja mehr von außerhalb hier studieren wollen!). Den Zahlen zufolge sind die Vereinigten Staaten als Studien- und Forschungsland sehr attraktiv, Deutschland nicht.

An dieser Stelle haben wir durch die Antworten ein wenig vom WESEN der Problematik erfahren. Wir wissen wahrscheinlich mehr als vorher und wir beginnen die Thematik vielleicht in einem neuen Licht zu sehen. Aber manchmal möchten wir vielleicht noch ein wenig hinzufügen? Ich benutze für Zusatz-Infos gerne **MERKBLÄTTER**? Wenn Sie an dieser Stelle daran Interesse haben, s. S. 74, Merkblatt 3.

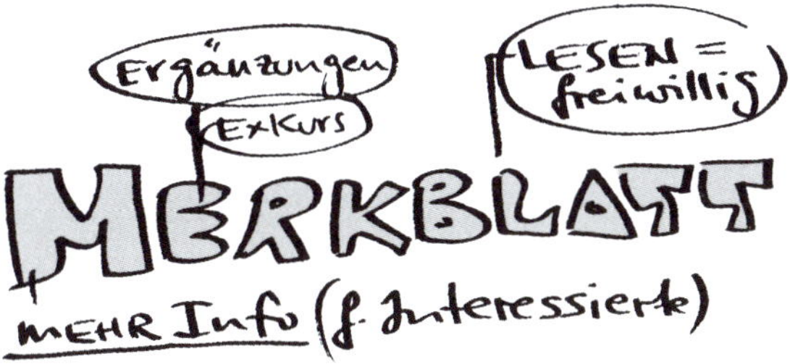

MERKBLATT: Wenn wir eine Info geben möchten, die vielleicht nur einen Teil unserer SpielerInnen interessieren könnte, oder bei schriftlichen WISSENs-Quiz-SPIELEN, wo eine Antwort auf eine Quizfrage maximal ca. 2 Seiten lang sein sollte, können wir einen Teil unserer „langen" Antwort „auslagern".
Wer meine Bücher kennt, kennt Merkblätter, wobei mein Vater (Michael Birkenbihl) diese erfunden hat. Jedes Merkblatt enthält spannende Zusatz-Infos für Interessierte, kann jedoch von anderen auch weggelassen werden.

BEISPIEL 3: B-I aber vfb-ange-REICH-ert! RUNDE 2

4 Fragen/Antworten (diesmal jedoch mit vfb-Kommentaren)

1. Wie viele Studenten schickt Indonesien jedes Jahr zum Studieren ...
   a) in die USA? –17000, b) nach Deutschland? – 1200
   vfb-Kommentar: Ich erwähnte bereits, was der Autor im Artikel feststellte, daß die eher armen Indonesier lieber teuer in den USA als kostenlos in Deutschland studieren. Diese Art von Zusatz-Info ist das absolute Minimum, mit dem wir einfache Fragen/Antworten an-REICH-ern sollten, damit es ein **WISSENS**-Quiz wird. Außerdem könnte man einen Satz aus dem Artikel zitieren, nämlich den bissigen Kommentar von Wolfgang A. HERRMANN (Präsident der T.U. in München): „Kostenlose Zweitklassigkeit bringt keinen tüchtigen Bildungsgast ins Land." Hmmm ...

2. Wieviel Prozent der in Deutschland Studierenden sind Ausländer? Antwort: 4 %
   vfb-Kommentar: Diese Frage könnte man sehr schön **an-REICH-ern,** z.B.

   - **indem man VERGLEICHE anstellt und damit Neuro-Mechanismus Nr. 1 aktiviert,** z.B.: mit der Anzahl von ausländischen **Studenten in ande-**

ren Ländern oder der Zahl von deutschen Studenten in anderen Ländern bzw. von ausländischen Studierenden im Deutschland **früherer Jahre** (z.B. in der Weimarer Republik, s. unten)

- **indem man weitere FRAGEN formuliert (und Neuro-Mechanismus Nr. 4 aktiviert), z.B.: In welchen Studienfächern betätigen sich die wenigen Ausländer eigentlich besonders fleißig bei uns?** Hier müßte man ein wenig Forscher spielen. Ein schneller Blick ins Internet (Stichwort: „ausländische Studenten" bei google) erbringt in Minuten (http://www.m4m.de/bildung/hochsch.htm) die Rede eines deutschen Politikers, der wir u.a. zum Beispiel entnehmen können, **was 50 % aller in Deutschland studierenden Japaner studieren.** (Wollen Sie zuerst einmal raten?)

„... Auch die Stimmung im Lande spielt eine Rolle. Rund die Hälfte der japanischen Studenten in Deutschland studiert Musik. Warum kommen nicht mehr junge Leute, die Natur- und Ingenieurwissenschaften studieren wollen? Könnte das vielleicht auch mit dem geistigen Klima in Deutschland zusammenhängen?"
(Zitat aus der Rede des bildungs- und forschungspoliti-

schen Sprechers der CSU-Landesgruppe im Deutschen Bundestag, Dr. Martin Mayer, in der Debatte „Hochschulstandort Deutschland – mehr ausländische Studenten in Deutschland" im Deutschen Bundestag am 28. Juni 2001)

3. War Deutschland bis in die Weimarer Republik ein attraktives Land für ausländische Forscher?
   ☐ Ja ☐ Nein Antwort: Ja
   vfb-Kommentar: Diese Frage und Antwort könnte weit mehr „bringen", wenn man sie so formulieren würde, daß unsere Wissens-SPIELER(innen) mehr erfahren, wenn die unsere (ange-REICH-erten) Antworten kennenlernen. Simple Ja-/Nein-Fragen haben ihren Platz, aber nicht hier.

Ja-/Nein-Fragen sind z.B. gut, um schnelle Reaktionen auszulösen, wenn wir dann mit unserer Info einen Lern-Effekt auslösen können. Aber geschlossene Fragen sollen eher vorhandenes Wissen (bzw. Vor-Urteile) **offensichtlich** machen, sie sind nur bedingt geeignet, um neues WISSEN zu vermitteln. Und schon gar nicht, um etwas vom WESEN der Sache mitzuteilen, so daß der Ja-/Nein-Antwort dann weitere Ideen folgen müssen!

Besser wäre eine andere Frage-Formulierung, z.B.: Bis wann war Deutschland ein attraktives Land für ausländische Forscher? (Antwort: Bis zur Weimarer Republik). Ein weiterer Verbesserungsvorschlag: Etwas Hintergrund-Info, **selbst wenn sie im ursprünglichen Text fehlt!** Mich reizte plötzlich der Begriff „Weimarer Republik", weil mir klar wurde, **daß mir unklar war, was das eigentlich „ist".** Wissen Sie es? Könnten Sie den Begriff sauber definieren? Nun, ich konnte es nicht und jetzt **wollte ich es wissen!** Ein kurzer Trip ins Internet ergab eine sehr interessante Info (vgl. **MERKBLATT 4**, S. 76).

4. Wieviel Prozent der **deutschen** Studenten, die **in Deutschland auch promovieren,** wandern **anschließend** in die **USA** aus? (Antwort: 15,3 %)
   vfb-Kommentar: Hier könnte man überlegen, was es **bedeutet,** wenn man die zahlreichen in den USA studierenden Deutschen hinzurechnet, von denen ja bekanntlich ein großer Prozentsatz „drüben" bleibt! Desweiteren können wir die in den USA arbeitenden Nachwuchsforscher aus Deutschland hinzurechnen (derzeit 20.000, nach China und Japan stellen deutsche Nachwuchsforscher in der USA die größte Ausländergruppe dar). Wenn wir nun noch die Unternehmer-Elite hinzuzählen, die drüben tätig ist, und jene, die

ernsthaft überlegen, drüben tätig zu werden, dann stellen wir fest: **Ein viel zu großer Teil unserer wissenschaftlichen und unternehmerischen Elite wandert allein in dieses eine Land aus. Warum?**

RUNDE 3

Die dritte Runde entspricht der ersten – nur mit dem Unterschied, daß alle MitspielerInnen jetzt sooo viel mehr wissen (ohne im herkömmlichen Sinn auch nur irgend etwas „gelernt" zu haben).

Zwei letzte Beispiele

So, nun könnte ich mir vorstellen, daß der Artikel Sie vielleicht inzwischen interessiert, aus dem die Fragen „gebastelt" und die Antworten „gezogen" worden waren. Insbesondere, da ich für die ersten Demonstrationen nur je 4 Fragen aus zwei WISSENs-Quiz-SPIELEN herauslöste (damit Sie das WESEN der Antworten eines solchen WISSENs-Quiz-SPIELES schneller erfassen können). Aber ehe Sie den Artikel lesen, möchten Sie vielleicht noch ein 4. und ein 5. Beispiel sehen? Wir lernen enorm durch den VERGLEICH. Jeder Vergleich aktiviert Neuro-Mechanismus Nr. 1 (vgl. strategischer Ansatz Nr. 6, Merkblatt 2). Übrigens dürfen Sie sich nicht wundern, wenn Sie bei den Fragen der letzten beiden Beispiele inhaltlich schon einiges wissen, selbst wenn Sie mit dem Material noch keine dritte Runde „gedreht" haben. So ist das, wenn man mit Wissen spielt: Man kann gar nicht verhindern, daß man eine Menge lernt!

Bitte prüfen Sie diese Antworten in den beiden letzten Beispielen und entscheiden Sie in jedem Einzelfall, ob die Antwort wirklich INFORMIERT oder nur einige Fakten aus dem Artikel aufzählt (also verschlossene Pakete anbietet). Merke: Indem Sie bewußt feststellen, welche Antworten eigentlich noch unzulänglich sind, lernen Sie weit mehr über die Qualität von Antworten, als wenn ich alle Antworten ange-REICH-ert hätte. Jetzt wissen Sie genug, um dieses Gefühl zu entwickeln. Also, viel Spaß!

SZ-Artikel – zwei weitere Fallbeispiele

BEISPIEL 4: Fragen eines Herren RUNDE 1

1. Zu welcher Zeit waren in Deutschland die Einrichtungen für höhere Studien denen aller übrigen Länder überlegen?
   Ihre Antwort: ______________________
2. Wie hoch war der Anteil der Hochschullehrer, die von den Nazis vertrieben wurden?
   Ihre Antwort: ______________________
3. Deutschland nahm durch die Vertreibung jüdischer Gelehrter unendlichen Schaden. Hatte dies für Deutschland auch positive Seiten?
   Ihre Antwort: ______________________
4. Deutschland ist mit einer Nettozuwanderung von jährlich 200.000 Personen ein Immigrationsland (bezogen auf die Einwohnerzahl 2 bis 3-mal mehr als in den USA). Warum ist für viele Forscher und Unternehmer die Bundesrepublik jedoch ein Abwanderungsland?
   Ihre Antwort: ______________________
5. Wie viele deutsche Nachwuchsforscher arbeiten zur Zeit in den USA?
   Ihre Antwort: ______________________
6. Kennen Sie einen deutschen Wissenschaftler, der im Ausland für seine Forschungen den Nobelpreis erhielt?
   Ihre Antwort: ______________________

7. Gibt es eine Möglichkeit, die durch den Geburtenrückgang drohende demographische Katastrophe in Deutschland zu verhindern?
   Ihre Antwort: ______________________________
8. Warum verliert Deutschland für ausländische Studenten und Spitzenforscher an Attraktivität ?
   Ihre Antwort: ______________________________
9. Kann in Deutschland der Verlust an Humankapital durch großzügige Einwanderungsbestimmungen kompensiert werden?
   Ihre Antwort: ______________________________
10. Gibt es zur Zeit Forschungsfelder, in denen Deutschland immer noch an der Spitze steht?
   Ihre Antwort: ______________________________

BEISPIEL 4: Die Antworten jenes Herren RUNDE 2

1. Zu welcher Zeit waren in Deutschland die Einrichtungen für höhere Studien denen aller übrigen Länder überlegen?
   Antwort: In der zweiten Hälfte des 19. Jahrhunderts bis in die Weimarer Republik

2. Wie hoch war der Anteil der Hochschullehrer, die von den Nazis vertrieben wurden?
   Antwort: 3000 Hochschullehrer, ein Drittel des Lehrkörpers wurde vertrieben.

3. Deutschland nahm durch die Vertreibung jüdischer Gelehrter unendlichen Schaden. Hatte dies fürDeutschland auch positive Seiten?
   Antwort: Die Emigranten hatten das deutsche Bildungsgut in ihrem Fluchtgepäck. Als Opfer rassistischen Terrors wurden sie im Ausland zu Botschaftern der deutschen Kultur. Die Abwanderung des jüdischen akademischen Bürgertums begründete einen Kosmopolitismus der deutschen Wissenschaft.

4. Deutschland ist mit einer Nettozuwanderung von jährlich 200.000 Personen ein Immigrationsland (bezogen auf die Einwohnerzahl 2 bis 3-mal mehr als in den USA). **Warum** ist für viele Forscher und Unternehmer die Bundesrepublik jedoch ein Abwanderungsland?
   Antwort:
   a) Die jungen Eliten werden in Deutschland Opfer einer „Demütigungspolitik" (Gesine Schwan) durch Klinikchefs und Ordinarien.
   b) Schwindende Einheit von Lehrenden und Lernenden.
   c) Fehlende „Karrierepfade", die Forscher ohne neue Berufungsverfahren zur Festanstellung führen.

5. Wie viele deutsche Nachwuchsforscher arbeiten zur Zeit in den USA?
   Antwort: 20.000. Sie bilden nach China und Japan die größte Ausländergruppe.

6. Kennen Sie einen deutschen Wissenschaftler, der im Ausland für seine Forschungen den Nobelpreis erhielt?
   Antwort: Z.B. Günter BLOBEL, arbeitet an der Rockefeller University in New York, erhielt 1999 den Nobelpreis für Medizin.

7. Gibt es eine Möglichkeit, die durch den Geburtenrückgang drohende demographische Katastrophe in Deutschland zu verhindern?
   Antwort: Ja. Illusorisch wäre eine Zuwanderung von fast einer halben Million Menschen, um die Folgen für die sozialen Sicherungssysteme auszugleichen. Die Hoffnung liegt im Produktivitätsfortschritt, der durch „Wissenskapital" erzeugt wird.

8. Warum verliert Deutschland für ausländische Studenten und Spitzenforscher an Attraktivität?
   Antwort: „Kostenlose Zweitklassigkeit bringt keinen tüchtigen Bildungsgast ins Land." (A. Herrmann). Wegen der Attraktivität des Englischen. Ausländische Spitzenforscher wandern in die Länder ab, die auch für deutsche Eliten attraktiv sind.

9. Kann in Deutschland der Verlust an Humankapital durch großzügige Einwanderungsbestimmungen kompensiert werden?
   Antwort: Nein, wegen zweitklassigen Bedingungen für Forscher (kein optimales Forschungsklima).

10. Gibt es zur Zeit Forschungsfelder, in denen Deutschland immer noch an der Spitze steht?
    Antwort: Ja, Deutschland steht in vielen Forschungsfeldern immer noch an der Spitze.

Tja, zwar bieten einige Antworten auch Fakten aus dem Artikel, aber sie sind nicht alle zufriedenstellend im Sinne eines echten WISSENs-Quiz-SPIELs. Schon die **letzte Antwort** schreit förmlich: „Ja, aber welche denn bitteschön????"

Mal sehen, inwieweit das letzte Beispiel (s. S. 41) Sie als WISSENs-Quiz-SPIELER(in) zufriedenstellt.

Sie merken, wieviel Sie jetzt schon über den Inhalt des Artikels wissen.

Diese letzte QuizmasterIn griff andere Aspekte auf, als die, die ich Ihnen **bisher** vorgestellt habe, ich hatte nämlich mehr Fragen aus dem **Ende** des Artikels geschöpft, während die Fragen in diesem letzten Beispiel mit dem **Anfang** des Artikels beginnen.

Sie merken auch, wie spannend es sein kann, sich einem Text durch Fragen und Antworten anderer Menschen zu nähern!

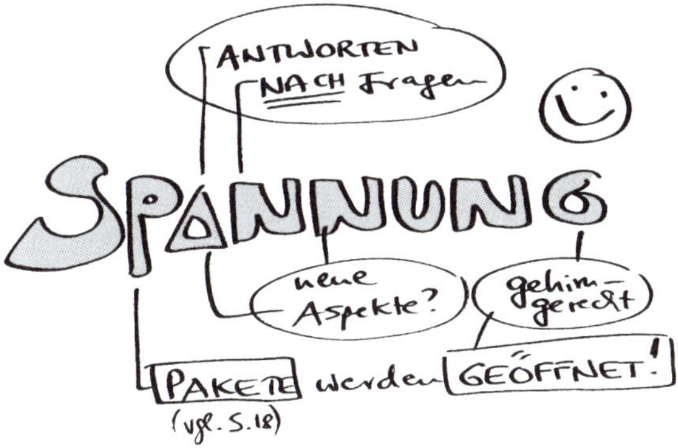

BEISPIEL 5: Fragen einer Dame **RUNDE 1**

1. Warum kann man Deutschland als Zuwanderungsland bezeichnen?
   Ihre Antwort: ______________________
2. Auf welche Bevölkerungsgruppe bezieht sich der Verfasser des Artikels in der SZ, wenn er Deutschland als Abwanderungsland bezeichnet?
   Ihre Antwort: ______________________
3. Was ist mit Humankapital gemeint?
   Ihre Antwort: ______________________
4. Welches sind die Gründe, daß Studenten und Wissenschaftler aus vielen Ländern der Welt in den USA studieren bzw. forschen und arbeiten wollen?
   Ihre Antwort: ______________________
5. Was hindert die junge Elite, in Deutschland eine Karriere anzustreben?
   Ihre Antwort: ______________________

6. Warum zog es vor 100 Jahren bis zum Ende der Weimarer Republik Wissenschaftler aus aller Welt nach Deutschland?
   Ihre Antwort: ______________________
7. Welchen Schaden verursachte der Nationalsozialismus dem deutschen Bildungs- und Forschungswesen?
   Ihre Antwort: ______________________
8. Was müsste Deutschland tun, um das Bildungs- und Forschungswesens für die in- und ausländische Elite attraktiver zu machen?
   Ihre Antwort: ______________________

BEISPIEL 5: Die Antworten jener Dame RUNDE 2

1. Warum kann man Deutschland als Zuwanderungsland bezeichnen?
   Antwort: Deutschland nimmt bezogen auf die Einwohnerzahl zwei- bis dreimal mehr Einwanderer auf als die USA und mehr als alle EU-Länder.

2. Auf welche Bevölkerungsgruppe bezieht sich der Verfasser des Artikels in der SZ, wenn er Deutschland als Abwanderungsland bezeichnet?
   Antwort: Aus Deutschland wandern viele Wissenschaftler und qualifizierte Fachleute ab, weil die wissenschaftlichen, wirtschaftlichen und sozialen Bedingungen für sie im Ausland, besonders in den USA, viel attraktiver sind. So gingen Nobelpreisträger aus Deutschland ins Ausland.

3. Was ist mit Humankapital gemeint?
   Antwort: Als Humankapital bezeichnen Migrationsforscher die qualifizierten Wissenschaftler, Spitzenforscher, hochbegabte Studenten und flexible Unternehmer.

4. Welches sind die Gründe, daß Studenten und Wissenschaftler aus vielen Ländern der Welt in den USA studieren bzw. forschen und arbeiten wollen?
   Antwort: Ein wichtiger Faktor, der die USA attraktiver macht, ist die englische Sprache. Außerdem genießen bestimmte Universitäten in den USA den Ruf, nur Eliten in Lehre und Forschung zu beschäftigen. Diese Universitäten ziehen trotz hoher Studiengebühren auch wegen der Karrieregarantie begabte Studenten an.

5. Was hindert die junge Elite, in Deutschland eine Karriere anzustreben?
   Antwort: In Deutschland stellt sich den jungen Wissenschaftlern und Akademikern ein veraltetes Prüfungs-und Aufstiegssystem in den Weg, wo Titel, Berufungsbedingungen, diverse Beziehungen eine vorrangige Rolle spielen, ungeachtet der tatsächlichen Qualifikationen.

6. Warum zog es vor 100 Jahren bis zum Ende der Weimarer Republik Wissenschaftler aus aller Welt nach Deutschland?
   Antwort: Bis zum Ende der Weimarer Republik

waren deutsche Universitäten und preußische Bildungspolitik in der ganzen Welt angesehen und zogen Wissenschaftler an (Leipzig, Berlin, Heidelberg).

7. Welchen Schaden verursachte der Nationalsozialismus dem deutschen Bildungs-und Forschungswesen?
   Antwort: In der Zeit des Nationalsozialismus wurden viele Sozialwissenschaftler, Mediziner, Physiker, Mathematiker ... vertrieben oder durften nicht mehr lehren. Besonders die jüdischen Gelehrten mussten ins Exil gehen, wo sie wie Albert Einstein u.a. große Leistungen vollbrachten und somit von den amerikanischen Universitäten als Segen betrachtet wurden.

8. Was müsste Deutschland tun, um das Bildungs- und Forschungswesens für die in- und ausländische Elite attraktiver zu machen?
   Antwort: Da die Attraktivität Deutschlands für ausländische Wissenschaftler schwindet und die junge deutsche Elite zur Abwanderung tendiert, die Greencard nicht den gewünschten Erfolg aufweist, ist es an der Zeit, ein entsprechendes Zuwanderungsgesetz auf den Weg zu bringen und das Lehr- und Forschungsklima sowie veraltete Aufstiegsgepflogenheiten zu ändern.

Fazit

Wer häufig WISSENs-Quiz-SPIELE in Familie und Freundeskreis spielt, findet einen wesentlich tieferen Zugang zu den Texten (Radiosendungen bzw. TV-Dokumentationen etc.), wiewohl es weit weniger anstrengend ist.

Fragen öffnen den Geist. Nur der geöffnete Geist aber kann Neues „hineinlassen". Deshalb ist AUF-merksamkeit der Schüssel zum Begreifen/Merken (Auf-MERK-samkeit). Fragen machen uns „auf"!

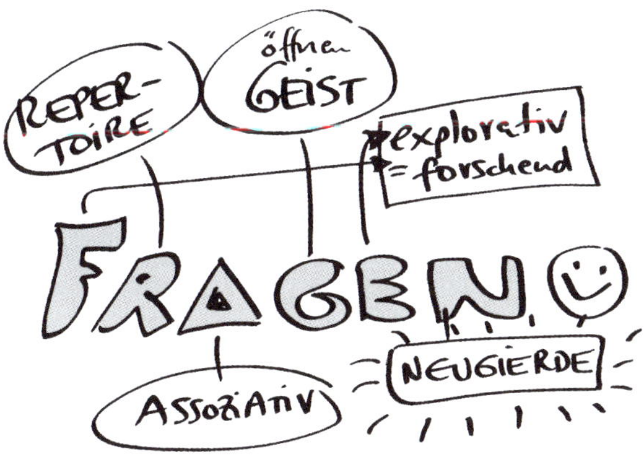

Wer jetzt den Artikel selber lesen möchte: Sie finden ihn im zweiten Modul (ab Seite 52) (mit Dank an die Redaktion und den Autor Wolf LEPENIES). Zum Abschluß **dieses** Moduls möchte ich Ihnen einen Beitrag aus unser WANDZEITUNG (mit **vfb-Kommentaren**) anbieten, weil ich ja auf Bemerkungen und Fragen immer direkt reagiere. Dieser Beitrag einer Leserin meines Coaching-Briefes landete am 21. August 2003 bei www.birkenbihl.de. Ich hatte die Idee des WISSENs-Quiz-SPIELEs kurz zuvor im Brief vorgestellt – Brief-LeserInnen erfahren manches oft noch vor den Insidern, dann kommen die Insider, dann kommt lange nichts (hi hi), dann erst erfahren es alle anderen (z.B. wenn Monate später mein nächstes Buch erscheint). Diese Brief-Leserin spielte zuerst selbst beim Kennenlernen dieses Konzeptes aktiv mit und merkte, wie sehr man als lernender Mensch profitieren kann. Anschließend setzte sie die Technik **sofort** auch als Lehrende ein, was mich sehr gefreut hat, zeigt es doch, daß man die Technik der WISSENs-Quiz-SPIELE sehr schnell lernen kann. Lesen Sie selbst ...

Aus der Wandzeitung

(www.birkenbihl.de)

Sehr geehrte Frau Birkenbihl,

ich bin seit kurzem begeisterter Leser Ihres Beratungsbriefes. Ihr Beispiel zum Wissensquiz im letzten Brief habe ich natürlich aktiv mitgemacht und bin überzeugt:

Lernen war noch nie sooo einfach! Und für denjenigen, der die Fragen ausarbeitet, ergibt sich quasi nebenbei der Effekt, daß er sein eigenes Wissensgebiet tiefer durchdringt und außerdem übt, Fragen zu stellen, die das Gespräch bzw. hier das Lernen führen.
vfb: Wow! Sie haben es nicht nur „erfaßt" (be-GRIFFEN), sondern auch er-LEBT! Es geht gar nicht anders, nach dem Motto: Lernen kann gar nicht verhindert werden!

Insider: Ich habe gleich einen eigenen Test gestartet, indem ich ein Seminar in meiner Firma in Form eines Wissensquiz ...
vfb: Bitte WISSENs-Quiz oder WISSENs-Quiz-SPIEL (neue Schreibweise. Danke!), das soll ein „stehender Begriff" werden, wie gehirn-gerecht, inneres Archiv© u.a. auch.

Insider: ... gestaltet habe – natürlich gewürzt mit Geschichten und Bildern.
vfb: Ja, das sind die ange-REICH-erten Antworten, damit es kein flaches Quiz-Spiel (ohne den Begriff Wissen, ha ha) wird. Sehr gut!

Insider: Es hat einfach super funktioniert.
vfb: Kein Wunder. Aber es ist doch schön, wenn man Lernenden das Lernen so versüßen kann, gell?? Da lacht doch das Herz einer engagierten Lehrkraft, egal ob in Schule und Ausbildung oder in Weiterbildung etc. etc.

Insider: Die Teilnehmer waren durch die anfänglichen Fragen (die jeder für sich beantworten sollte) schon direkt beim Thema und hatten ihre speziellen Wissennetzbereiche schon mal vorgewärmt.
vfb: Richtig! Offiziell heißt das PRIMING (vgl. „Das innere Archiv").

Insider: So ist ein Großteil der Informationen auch gleich drin kleben geblieben, die Anknüpfungspunkte waren ja bereits aktiviert.
vfb: Ja, die Frage-Runde gleicht dem Pflügen des Feldes – und mit den ange-REICH-erten Antworten säen Sie dann das WISSEN direkt „hinein".

Insider: Das Seminar entwickelte sich zu einem echten Workshop.
vfb: Tja, so schön kann die Medaille lernen/lehren sein ... wenn es gehirn-gerecht zugeht, profitieren immer BEIDE Seiten ...

Insider: In drei Tagen werden wir in Arbeitsgruppen den Fragenkatalog noch einmal durchgehen. Aber ich bin felsenfest überzeugt, daß der Großteil des Wissens „sitzt".
vfb: Da können Sie Gift drauf nehmen ... und das wenige wird im „Nachspiel" wieder „nur" ge-SPIEL-t, nicht wahr?

Insider: Dabei kommt es jedem so vor, als hätte man gar nicht gelernt.

vfb: Deshalb ist dies ja die 8. NON-LEARNING LEARNING STRATEGIE! Alle 10 Non-Learning Learning Strategien sind so aufgebaut, daß man nicht merkt, wie Lernen „passiert", dies ist nur eine davon, aber eine sehr mächtige!

Insider: Man weiß jetzt einfach nur viel mehr.
vfb: So wie das normale Lernen im normalen Leben auch. Sie probieren ein Rezept mit einer Freundin, hinterher wissen Sie mehr, aber Sie haben diese TÄTIGKEIT nicht als „Lernen" (im herkömmlichen Sinn) empfunden. Oder Sie sind bei Freunden und man „zeigt Ihnen" ein neues Spiel, das sie den ganzen Abend begeistert spielen. Auch hier haben sie kaum wahrgenommen, daß Sie den ganzen Abend „gelernt" haben. Erst die Regeln, dann ein erstes Gefühl für das Spiel, und wenn Sie weiterspielen, können Sie irgendwann „Profi" werden. So ist unser Gehirn angelegt. Wir lernen ununterbrochen so! Und das WISSENs-Quiz-SPIEL aktiviert dieselben Neuro-Mechanismen (drückt also dieselben Knöpfe) und stellt deshalb (in der von mir vorgegebenen Art) eine vergleichbare TÄTIGKEIT dar, bei der wir genau so „zufällig" lernen (welch ein zu-FALL, ha ha).

Insider: Und das Thema ist gar nicht mehr so trocken und kompliziert.
vfb: TROCKEN hat ausschließlich mit Vorwissen und der Art der Darstellung zu tun (wie Sie im September-Brief

lesen können, da beginnt ein Zweiteiler über die neue doppelte Checkliste zu Gehirn-Gerechtigkeit: 2-mal 12 randvolle Seiten Text diesmal).

Insider: Ich danke Ihnen für dieses wunderbare Konzept!!!!
vfb: Gern geschehen. Ich arbeite gerade an einem Buch hierzu, aber Insider dürfen schon vorher mehr erfahren (s. meinen heutigen Wandzeitungs-Beitrag: BETREFF WISSENs-Quiz-SPIELe)

Viele liebe Grüße!
Kerstin Becker

PS: Wieviel Fragen hat ein WISSENs-Quiz-SPIEL©?
1. Ein **MIKRO**-Spiel kann eine einzige Frage und (angeREICH-erte) Antwort enthalten.
2. Ein **MINI**-Spiel enthält 3 - 5 Fragen und
3. ein „richtiges" **WQS (WISSENs-QUIZ-SPIEL©)** sollte 10 Fragen nicht überschreiten (lieber mehrere Runden spielen, damit die Antworten nicht allzu weit entfernt von den Fragen eintreffen).

Modul 2 – der SZ-Artikel

der Artikel, um den es geht. **Bitte erst lesen, nachdem Sie das Büchlein bis hierher gelesen haben. Sonst gehen Ihnen sämtliche Pointen des Hauptteiles verloren.**

Es gibt nur ein ERSTES MAL ... ☺

Statt einer Überschrift:
Liebe Leser und Leserinnen, da der erste Teil dieses Textes Sie zu diesem Artikel HINFÜHRT, DEN SIE IM OPTIMALFALL NICHT LESEN, EHE SIE DAZU EINGELADEN WERDEN, fehlt hier die große Überschrift, die jenen zuviel verrät, die vorab hierhin geblättert haben. Also:

1. Wenn Sie vom ersten Teil hierher gelangten, weil Sie die Beispiele vorne alle gelesen haben, viel Ent-DECK-er-Freude mit dem Text.
2. Andernfalls, bitte lesen Sie erst das Modul 1. Sie berauben sich sonst einiger spannender Aha-Momente ... Danke. vfb

„Seit 1955 sind 31 Millionen Menschen nach Deutschland eingewandert. 22 Millionen haben unser Land verlassen. Die Nettozuwanderung liegt bei 200 000 Personen jährlich. Deutschland nimmt, bezogen auf die Einwohnerzahl, zwei bis drei Mal mehr Einwanderer auf als die USA. Mit neun Prozent der Wohnbevölkerung ist der Ausländeranteil in Deutschland doppelt so hoch wie im EU-Durchschnitt. Die Bundesrepublik ist ein Einwanderungsland, zögert aber seit Jahrzehnten, daraus die rechtlichen Konsequenzen zu ziehen. Der Entwurf des Zuwanderungsgesetzes liegt im Vermittlungsausschuß des Bundestages. Unterdessen ist Deutschland auch zu einem Abwanderungsland geworden – in den Wissenschaften.

Die Republik ist in Bewegung. Vor unseren Augen vollzieht sich ein so gravierender demografischer Umbruch, daß Bevölkerungswissenschaftler ihn mit jenem des Dreißigjährigen Krieges vergleichen. Der zweite Teil unserer Serie über die deutsche Völkerwanderung untersucht den Exodus der Wissenschaftler.

Jeder siebte Student, der in Deutschland promoviert, wandert in die USA aus. Das gleiche gilt für die Gruppe der „unternehmungslustigen Eliten", wie sie von Wirtschaftsverbänden genannt werden. 30 Prozent der Mitglieder der Arbeitsgemeinschaft selbständiger Unternehmer planen eine Übersiedlung ins Ausland. 20 000 deutsche Nachwuchsforscher arbeiten in den USA – sie bilden nach China und Japan die größte Ausländergruppe. Viele Nobelpreisträger aus Deutschland gingen früh ins Ausland und machten dort die Entdeckungen, die ihnen den Preis einbrachten – wie Günter Blobel, der 1999 den Nobelpreis für Medizin erhielt und an der Rockefeller University in New York arbeitet.

Migrationsforscher haben vorgeschlagen, diesen Verlust an Humankapital durch großzügige Einwanderungsbestimmungen zu kompensieren. Doch dieser Vorschlag übersieht, daß auswärtige Spitzenforscher nur in Länder abwandern, die auch für die heimischen Eliten attraktiv sind. Nur vier Prozent der in Deutschland Studierenden sind Ausländer. Während in den USA die Hälfte aller Forschungsleistungen von Ausländern erbracht werden, sind es in Deutschland nur zehn Prozent. Indonesien, die viertgrößte Nation der Welt, schickt in jedem Jahr 17 000 Studenten in die USA – und nur 1200 nach Deutschland. Die konkurrenzlose Attraktivität des Englischen spielt eine wichtige Rolle, und dieser Nachteil wird nicht dadurch ausgeglichen, daß eine Universitätsausbildung in Deutschland zum Nulltarif zu haben ist. „Kostenlose Zweitklassigkeit bringt keinen tüchtigen Bildungsgast ins Land", bilanzierte Wolfgang A. Herrmann, der Präsident der Technischen Universität München.

Deutschland ist auf dem Weg in die demografische Katastrophe. Bis 2050 wird die Zahl der Personen im erwerbstätigen Alter von heute 46 auf 27 Millionen zurückgehen. Auf jeden Rentner wird dann nur ein Erwerbstätiger kommen. Um die Folgen für die sozialen Sicherungssysteme durch Migration auszugleichen, müsste Deutschland fast eine halbe Million Zuwanderer pro Jahr aufnehmen. Das ist illusorisch. Die einzige Hoffnung liegt daher in einem Produktivitätsfortschritt, der durch das „Wissenskapital" erzeugt wird.

Deutschland aber leidet an Wissenskapitalflucht. Die jungen Eliten denken immer stärker an Migration. Sie haben die Fiktion einer „Juniorprofessur" durchschaut, die sie nach zwölf Jahren mit einem Berufsverbot bedroht. Sie sind es leid, durch Klinikchefs und Ordinarien zu Opfern einer „Demütigungspädagogik" zu werden, wie Gesine Schwan, die Präsidentin der Europa-Universität Viadrina, die Schwundstufe der einst von Humboldt beschworenen Einheit der Lehrenden und Lernenden nennt. Sie gehen lieber in ein Land wie die USA, in dem es Karrierepfade, „tenure tracks", gibt, die Forscher bei guter Leistung ohne neue Berufungsverfahren zur Festanstellung führen.

Dabei lag das wissenschaftliche Deutschland als Reise- und Einwanderungsland einmal an der Spitze. Der Physiologe Emil du Bois-Reymond konnte 1869 als Rektor der Berliner Universität die neu immatrikulierten Studenten mit den stolzen Worten begrüßen, daß „auf dem Gebiet der höheren Studien die deutschen Einrichtungen denen aller übrigen Länder überlegen sind". Dieser Behauptung lag keine nationale Überheblichkeit, sondern ein internationaler Konsens zugrunde. Aus aller Welt zog es Wissenschaftler nach Deutschland.

Preußen konnte mit seiner Bildungspolitik Staat machen, siegreiche Schlachten schlagen und schließlich ein Reich gründen. Die Franzosen sahen im preußischen Schulmeister den Sieger von Sedan, kopierten das deutsche Bildungssystem und schickten ihre glänzenden jungen agrégés nach Leipzig und Berlin. Nach der Meiji-Revolution brach Japan in die Moderne auf: Seine besten Wissenschaftler lernten in Deutschland. Und auch in Harvard machte schneller Karriere, wer in Heidelberg studiert hatte.

Bis in die Zeit der Weimarer Republik blieb Deutschland für ausländische Forscher attraktiv. Das Ende der Weimarer Republik besiegelte nicht zuletzt die durch die Nazis erzwungene Elitenemigration. 3000 Hochschullehrer, ein Drittel des Lehrkörpers, wurden vertrieben. Es traf vor allem die jungen Sozialwissenschaften und Teile der Naturwissenschaften wie die moderne Physik, die in den zwanziger Jahren eine Blütezeit erlebt hatten. An einigen Universitäten wurden bis zu 60 Prozent der Professoren die meisten gingen ins Exil.

Zu den Folgen des Nationalsozialismus gehört es, daß Deutschland durch die Vertreibung jüdischer Gelehrter unendlichen Schaden nahm – und die deutsche Wissenschaft davon auf fast zynische Weise profitierte. Die meisten Emigranten konnten nur das Notwendigste mitnehmen. Das deutsche Bildungsgut hatten alle in ihrem Fluchtgepäck. Als Opfer rassistischen Terrors wurden sie im Ausland zu Botschaftern der deutschen Kultur.

Der Segen des Exils

Vielleicht war weltweit der Einfluß deutscher Traditionen in Lehre und Forschung nie größer als nach 1933. Dies gilt für viele Länder, für kein Land aber stärker als für die USA. Durch das Engagement amerikanischer Stiftungen konnte bereits 1933 in New York die „University in Exile" gegründet werden. In Princeton, wohin Albert Einstein ahnungsvoll bereits 1930 übergesiedelt war, entstand das erste Institute for Advanced Study. Nicht zuletzt deutsche Gelehrte wie der Mathematiker Hermann Weyl, der Kunsthistoriker Erwin Panofsky und der Historiker Ernst Kantorowicz prägten Princeton und verliehen ihm seinen frühen internationalen Rang. Als sein Gründer Abraham Flexner später gefragt wurde, wem das Institut am meisten verdanke, antwortete er lapidar: „Adolf Hitler".

Die Abwanderung des jüdischen akademischen Bürgertums begründete einen Kosmopolitismus deutscher Wissenschaft im Exil. Die Rückkehr eines Teils der vertriebenen Eliten führte nach 1945 zu einer schnellen Internationalisierung der deutschen Wissenschaft. Die Vereinigung der beiden deutschen Staaten fiel mit dem Zeitpunkt zusammen, in dem, altersbedingt, die Wirkung der zurückgekehrten deutschen Wissenschaftler endgültig nachließ. Gleichzeitig konnte man beobachten – vor allem in den USA, aber auch in Ländern wie Frankreich und England –, daß es in vielen Fächern nicht mehr selbstverständlich war, an deutsche Traditionen anzuknüpfen. Nach dem Tode des aus Deutschland emigrierten Historikers Felix Gilbert wurden etwa an das Institute for Advanced Study in Princeton Historiker aus Dänemark und Australien berufen.

Deutschland steht in vielen Forschungsfeldern immer noch an der Spitze, doch seine Attraktivität für auswärtige Wissenschaftler schwindet. Am bedrohlichsten aber ist der Trend zur Abwanderung bei den jungen, heimischen Eliten. Wir brauchen ein Zuwanderungsgesetz. Wenn sich unser Forschungsklima aber nicht grundlegend ändert, brauchen wir demnächst noch dringender ein „Abwanderungsverhinderungsgesetz“.

Haltet die Forscher! Eliten fliehen und neue sind nicht in Sicht. Von Wolf LEPENIES, in: Süddeutsche Zeitung vom 9./10. August 2003

Anhang

Merkblatt 1

Erster Überblick: Neuro-Mechanismen

1. Wahrnehmen = VERGLEICHEN.

Da wir in der 2. Spiel-Runde unsere Antworten mit den offiziell gegebenen **VERGLEICHEN**, wird dieser Neuro-Mechanismus **mindestens einmal** aktiviert. Aber wir können das Vergleichen sogar ausweiten: Wenn die MitspielerInnen nämlich im Vorfeld ihre Antworten **miteinander VERGLEICHEN** wollen, **bevor** wir in die Antwort-Runde eintreten, dann wird dieser Neuro-Mechanismus mehrfach aktiviert. Dieses Vorgehen ist umso sinnvoller, je „weicher" die offiziellen Antworten in der 2. Runde sein werden, z.B. bei der Diskussion über ein Gedicht, ein Gemälde, einen Text u.ä.; hier geht es letztlich um subjektive Interpretationen. Da kann ein größeres Spektrum an Ideen das Thema nur be-REICH-ern. Sind die Antworten jedoch ziemlich absolut (z.B. bei vielen naturwissenschaftlichen Aspekten), dann hat es in der Regel weniger Sinn, wenn die Leute vorab großartig vergleichen. Ausnahmen sind natürlich im Einzelfall immer denkbar, wenn die Person, die das WISSENs-Quiz-SPIEL aufbaut, dies sinnvoll findet. So könnte ich mir z.B. vorstellen, daß eine Gruppe es sehr interessant finden mag, wenn sie festgestellt hat, daß fast alle dieselben (falschen) Antworten gegeben haben (weil gewisse Vorurteile sehr verbreitet sind).

2. Denken = ASSOZIATIV.

Wenn wir **antworten** (raten), denken wir „normal" (also **assoziativ**). Wir dürfen eigenes Wissen „anzapfen". Dies bedeutet sowohl, daß wir im Sinne einer Mini-Inventur feststellen, wo wir bezüglich dieses Themas (dieser Frage) derzeit „stehen" als auch, daß wir den „Mitarbeitern" in den Katakomben unseres Unbewußten (d.h. unserem inneren Archiv) erste Signale senden, welche Aspekte demnächst „drankommen" werden, so daß eine Einspeicherung weit leichter möglich wird, als wenn eine Aussage ohne Vorwarnung in unser Bewußtsein dringt (und möglicherweise ins rechte Ohr „rein" und beim linken Ohr wieder „raus" zieht).

3. Sofortige RÜCKMELDUNG:

Wir erhalten in der 2. Runde die sofortige Rückmeldung, wenn wir die offiziellen Antworten mit unseren vergleichen. Nicht morgen (wie bei den Hausaufgaben in der Schule), nicht in einigen Tagen oder Wochen (wie oft im Alltag), sondern wir beginnen **unmittelbar** nach Runde 1 mit der zweiten Runde (Ausnahme, wenn wir eine Miteinander-Vergleichs-Runde eingeschoben haben, s. Punkt 1).

4. Fragen öffnen den Geist!

Jede Frage erlaubt eigenständiges Denken und wenn sie uns nicht gefällt, wurden wir ja bereits zum Antworten eingeladen. Gegensatz: Wenn uns eine Aussage nicht paßt, müssen wir offiziell widersprechen. Außerdem verhindern Aussagen das freie, flexible, assoziative Denken. Wenn ich zu Ihnen sage: „Der Elefant hat vier Beine" – was sollen Sie jetzt denken können? Demzufolge vergessen Sie meine Aussage gleich wieder. Frage ich hingegen z.B.: „Wie viele Beine hat der Elefant?" – dann beginnen Ihre Gedanken sich zu **bewegen**!! Denn es gibt erstens einen Automatismus (Frage –> Antwort), so daß Ihr Hirn eine Antwort **sucht,** wenn Sie eine Frage hören (lesen).

5. Den SPIEL-Trieb nutzen!

Klar, daß ein gutes Quiz-SPIEL den Spiel-Trieb nutzt. Das muß sicher nicht weiter ausgeführt werden.

6. Das RUNDUM-Gedächtnis einschalten!

Bei **Faszination** (brennendem Interesse) **wird automatisch alles, was wir wahrnehmen, inkl. dessen, was uns umgibt, Teil der Erinnerung.** Es ist so, als würden wir durch das Bewußtsein, daß wir etwas FASZINIEREND finden, einen Schalter umlegen und eine Art **RUNDUM-GEDÄCHTNIS** einschalten, so daß alles, was jetzt passiert, sicherheitshalber mit eingespeichert wird. Dies ist auch logisch, denn bis wir begriffen haben, was es jetzt wahrzunehmen und zu lernen gilt, können wir ja noch nicht wissen, was sich im Nachhinein als besonders WESEN-tlich herausstellen wird, deshalb speichert der Organismus erst mal alles. Das tut unser Gehirn vollautomatisch, ohne unser weiteres Zutun. Im Klartext: Sie können Lernen gar nicht verhindern, selbst wenn Sie wollten! Die Tatsache, daß dies beim Lernen in der Schule so selten stattfindet zeigt nur, wie wenig gehirn-gerecht wir meistens vorgehen. Wenn wir jedoch WISSENs-SPIELE, insbesondere WISSENs-Quiz-SPIELE spielen, dann aktivieren wir den 6. Neuro-Mechanismus und alles wird viel leichter. Später wissen wir dann immer auch, wo (und mit wem) wir dieses Thema beim ersten Mal gespielt haben.

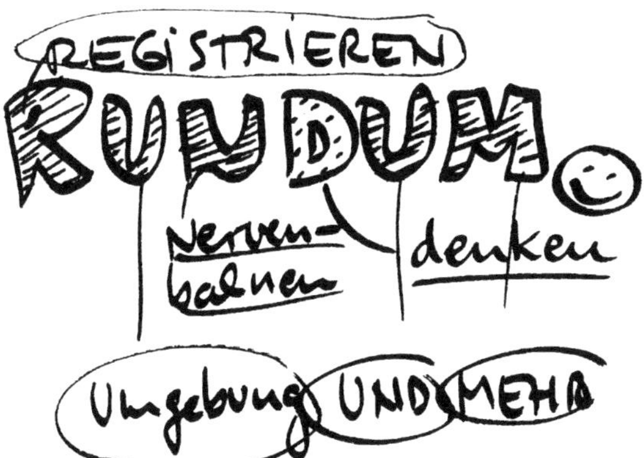

Die Erklärung der letzten zwei Neuro-Mechanismen wird 2004 erfolgen. Dieses Büchlein ist ja nur eine ERSTE HINFÜHRUNG, damit jede/r sofort damit beginnen kann, Wissen in WISSENs-Quiz-SPIELE zu verwandeln, um zu lernen/lehren; deshalb nur kurz:

7. Abstraktion und Metaphern! (2004)

Vgl. hierzu auch mein 2004 geplantes Buch „Intelligente Kopf-Spiele" (es enthält u.a. das Metaphern-Spiel, mit dessen Hilfe wir uns für eine Fragestellung oder ein Problem unendlich viele Metaphern ausdenken können: Jede Metapher erhöht das Verständnis und ver-TIEF-t unser Wissen).

8. Das Unbewußte nutzen?! (2004)

Vgl. hierzu auch mein Buch „Das innere Archiv" (dort insbesondere das Modul über Subliminal-Techniken) sowie die Birkenbihl-Methode Fremdsprachen zu lernen, wobei das PASSIVE HÖREN einer der Tricks ist, mit dem wir uns bewußte (langweilige) Wiederholungen ersparen, weil wir diese ans Unbewußte delegieren, vgl.:

- **Hippocampus an Cortex!** in: „Gehirn & Geist" (im Verlag Spektrum der Wissenschaft), Heft 4/2002 (Rubrik: Gehirn-Training mit Birkenbihl). Hier erläutere ich die wissenschaftlichen Hintergründe sowie eine praktische Anwendung:

- **Sprachen lernen, leicht gemacht** (Es gibt sowohl ein Buch als auch für Akustik-Lerner ein gleichnamiges didaktisches Hörspiel; das Buch enthält zusätzlich zur Methodik weit mehr Hintergrund-Information, inkl. häufige Fragen meiner Seminar-TeilnehmerInnen). Inzwischen gibt es auch schon einige Sprachkurse nach meiner Methode (vgl. bitte www.birkenbihl.de).

Merkblatt 2

Erster Überblick:
10 Nicht-Lern Lern-Strategien©

Non-Learning Learning Strategies©

1. ABC-Listen & Stadt-Land-Fluß-Spiele.

Seit Artistoteles wissen wir um die enorme Ergiebigkeit von Listen. Listen „funktionieren“, weil unser Gehirn auf assoziatives Denken „eingestellt“ ist. Nun kann man Listen unterschiedlichster Art anlegen, im täglichen Denken hat sich die ABC-Liste besonders bewährt. Dabei ist wichtig, daß wir uns nicht verbissen von A nach Z „durchkämpfen“, sondern: Wir wandern mit den Augen das (noch) leere ABC „rauf und runter“ und notieren Assoziationen, wie sie (ein- oder zu) „fallen“.

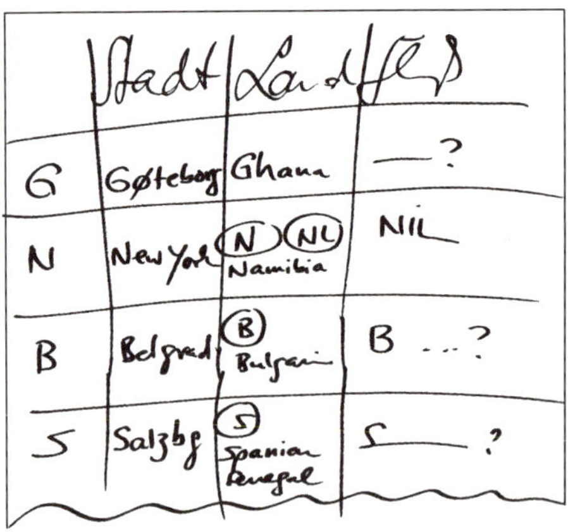

Im Gegensatz zu Hit-Listen (Top-Charts) oder nach Prioritäten sortierte Ideen sind solche Wissens-Listen „demokratisch", denn die Reihenfolge der Buchstaben stellt ja keine Hierarchie dar. Übrigens können wir ABC-Listen als SENKRECHTE Variante von Stadt-Land-Fluß-SPIELEN betrachten (nur daß wir nicht Städte und Länder, sondern Themen unserer Wahl durchleuchten). Aber wir gewinnen dabei ebenfalls den von mir als Stadt-Land-Fluß-Effekt© bezeichneten Vorteil des Experten-Bonus, insbesondere wenn wir zu bestimmten Themen öfter ABC-Listen anlegen!

2. KaWa.s© (Wort-Bilder).

Wenn wir über ein Thema nachdenken (z.B. über geistige Prozesse) und wir notieren einen Schlüsselbegriff (z.B. ASSOZIATIVes Denken), dann können wir mit den Buchstaben des Begriffes SPIELen, indem wir uns fragen, welche Assoziationen uns zu jedem Buchstaben „einfallen" (zufallen). Dabei gehen wir genauso vor wie beim ABC: Wir wandern mit den Augen „hin und her" und notieren Assoziationen wie sie „fallen", statt vom ersten bis zum letzten Buchstaben zu wandern.

Warum diese Wort-BILDER KaWa.s© heißen, habe ich an anderer Stelle wiederholt ausgiebig erklärt (z.B. u.a. in „Das innere Archiv", „Das große Analograffiti-Buch"), sprechen Sie im Zweifelsfall von Wort-BILDern. Zahlreiche Beispiele dazu in diesem Buch auf den Seiten:

KaWa.s© sind ein extrem hilfreiches Denk-Tool: Wenn Sie zu einem wichtigen Thema 10 KaWa.s© mit 10 unterschiedlichen Schlüsselbegriffen anlegen (wobei Sie diese z.B. in einer ABC-Liste zu diesem Thema finden, das Sie erarbeitet haben), dann werden Sie hinterher weit mehr Klarheit haben als vorher. Da jedes KaWa© (mit etwas Übung) nur 2 bis 3 Minuten dauert, heißt das, **daß Sie in 30 Minuten mehr Einsichten gewinnen können als normalerweise in 30 Tagen** (Wochen oder Monaten). Gleichzeitig sind KaWa.s© vor Beginn eines

Lernprozesses ausgezeichnete INVENTUREN. Merke: Die **Kombination** von **Wissen er-WEIT-ern oder ver-TIEF-en,** z.B. anhand von **ABC**-Listen und **LULL'-schen Leitern** (vgl. Strategie Nr. 5) und **KaWa.s**©, stellt das bestmögliche Erfolgs-Programm dar!

3. Ball-im-Tor-Effekt.

Dies ist ein direktes Pendant zum 3. NEURO-MECHANISMUS: Mit direktem, unmittelbarem Feedback ist Lernen möglich, spannend, spielerisch etc. Wenn wir eine Sportart erlernen, sehen wir, ob „der Ball im Tor ist", wir sind autonom und autark. Wir können in unserem eigenen Tempo trainieren, etwaige Fehler selber korrigieren etc. Beinhaltet die Lern-Situation jedoch **keinen** eingebauten Ball-im-Tor-Effekt©, stellt sich die Frage, wie wir einen schaffen. Dies ist der Ansatz.

4. Explorer/Jäger sein.

Explorer sind Abenteurer und Forscher. Dieser englische Begriff beschreibt sowohl **Off-Road-Abenteurer,** die in den Dschungel gehen, um etwas Spannendes zu erleben, als auch **Forscher.** Tatsache ist, daß das Forschen eine der besten Lern-Strategien darstellt – man beobachte nur Babies und Kleinkinder: Sie forschen 100 % ihrer wachen Zeit. Wir haben im Deutschen kein vergleichbares

Wort, das **beide** Abenteurer beschreibt, die physiologischen wie die geistigen.

5. **Generieren bzw. konsultieren von Gedanken.**
   Wenn wir z.B. zwei ABC-Listen nehmen und jeden Begriff in der **einen** Liste mit jedem in der **zweite**n verbinden, SPIELEN wir eine assoziative Variante, die sogenannten „Lullschen Leitern" (vgl. „Das Innere Archiv"). Diese Denk-Technik wurde von Raimundus LULLUS vor Jahrhunderten erfunden. Die Ergebnisse werden umso reichhaltiger sein, je mehr wir von **beiden** Themen wissen. Wenn wir dieses SPIEL mit Listen SPIELEN, die wir zu wirklich wichtigen Themen selbst erarbeitet haben, dann können diese Ver-BIND-ungen bahnbrechende neue und tiefe Einsichten fördern. (So kam ich auf die Ver-BIND-ung zwischen den Neuro-Mechanismen und den Non-Learning Learning Strategies.)

6. **Imitations-Spiele, Persiflage, Karikatur & EINFACHE Variationen.**
   Dabei verlassen wir in der Regel bald die reine Imitation:
   1. **IMITATION** = der Beweis, daß ich etwas begriffen habe, daher sind IMITATIONS-SPIELE ausgezeichnet geeignet, „leicht" zu lernen (gerne auch mit viel Gelächter).

2. **ÜBERTREIBUNGEN** sind hilfreich, aus ihnen können sich schnell regelrechte Persiflagen oder Karikaturen entwickeln, d.h. das WESEN-tliche wurde erkannt und übertrieben (vgl. auch Strategie Nr. 7), also hat Lernen stattgefunden!
3. **EINFACHE Variationen** mit **vorhandenen** Elementen (im Gegensatz zu Strategie Nr. 9). So spielen wir z.B. ein Musikstück in unterschiedlichen Tempi, Lautstärken oder mit unterschiedlichen Instrumenten. Die EINFACHE VARIATION variiert **nur je einen Aspekt** und kann daher schon während der ersten Lernschritte werden.

7. Das WESEN-tliche suchen.

Ich habe mich zu dieser Strategie noch nicht ausführlich geäußert (hier denke ich noch nach, wir experimentieren noch, das wird noch ein wenig dauern), so daß wir vorläufig festhalten wollen: Können wir Maßnahmen einsetzen, die zu tiefen Einsichten über den Gegenstand führen? Wir wissen inzwischen, daß durch echte Einsichten (Ent-DECK-ungen, Aha-Momente etc.) der Neuro-Mechanismus des Rundum-Gedächtnisses aktiviert wird ...

8. Quiz-, Rätsel- und Rate & Wissens-Sammelspiele.

Darum geht es in diesem Text!

9. Komplexe Variationen aller Art.

In zwei Video-Seminaren (Kurz-Seminar „Von nix kommt nix" und Ganz-Tages-Seminar in Winterthur „Von nix ..."/Fortsetzung) kann man Herrn TELESKO sehen und HÖREN, der uns auf brillante Art eine Form der komplexen Variation vorführt: Er nimmt eine kleine Melodie und zeigt uns, was Mozart, Beethoven, Rachmaninov etc. daraus „gemacht" hätten. Um diese komplexe Variation zu SPIELen, müssen mindestens zwei Aspekte kombiniert werden. Hier muß man den Stil des jeweiligen Komponisten mit dieser einen Melodie ver-BIND-en, das ist aber nur möglich, wenn man beides gut „begriffen" hat. Wer das WESEN der Musik eines Mozart oder Chopin nicht begriffen hat, kann dieses WESEN nicht auf das Musikstück übertragen. (Auch hier sehen Sie wieder eine Verbindung zu Strategie Nr. 7.) Weil Herr TELESKO dies in so unbeschreiblicher Form vorführt, habe ich mir erlaubt den Aha-Effekt, der durch diese Art der (komplexen) Variation in den Lernenden wie auch in den Hörern (Zuschauern etc.) ausgelöst werden kann, als TELESKO-Effekt© zu bezeichnen. Ein kleiner Dank, weil er uns so viel Freude gemacht hat ...

10. Zitate, um einen ersten Zugang zu einem Thema zu finden bzw. ein Thema zu ver-TIEF-en oder zu er-WEIT-ern.

Wir aktivieren den ersten Neuro-Mechanismus, indem wir mehrere KURZE Produkte des menschlichen Geistes miteinander vergleichen (Aphorismen, Zitate, Definitionen) oder indem wir einige davon selber schaffen: ABC-Listen, KaWa.s© oder Metaphern. (Auch dieser strategische Ansatz wird 2004 noch näher erläutert!)

Merkblatt 3

Wir verlieren eine weitere Elite, nämlich Leute mit Unternehmergeist! Die Zahl der unternehmungslustigen Typen, die in die USA gehen, weil sie lieber dort als hier eine Firma gründen, entspricht exakt der Zahl jener deutschen Studenten, die hier promovieren und dann doch in die USA gehen (auch das wissen Sie schon vom ersten Beispiel, S. 22). Genau genommen sind das die unternehmungslustigen Menschen – ob Forscher oder Unternehmer – Leute, die sich in den engen Grenzen von 1000 Bestimmungen eines demokratischen Landes, in dem immer mehr die Behörden regieren, nicht entfalten können. Also die Crème de la crème! Somit verlieren wir knapp 30 % unserer wertvollsten Leute! Aber damit nicht genug, wie diese Frage zeigt:
Wieviel Prozent der Mitglieder der Arbeitsgemeinschaft selbständiger Unternehmer PLANEN eine Übersiedlung ins Ausland? ______________________________
Bitte erst antworten (raten), ehe Sie weiterlesen.
Antwort: Nochmal ca. 30 %

Ich gehe davon aus, daß die Mitglieder jener Arbeitsgemeinschaft ähnlich gelagert sind wie andere Unternehmer-Geister in unserem Land. Im Klartext: Während 30 % unserer wissenschaftlichen und unternehmerischen **Elite die Flucht bereits ergriffen haben**, denken weitere 30 % darüber nach! Wenn die Politik hier nicht **extrem schnell und extrem be-FREI-end** gegensteuert, werden wir ein Drittweltland, ehe wir es begreifen. Wir dürfen nicht denken, Ländern wie uns passiert nichts:

Wir waren in der Bildung einst Weltspitze, unsere Schüler/Studenten lagen in Pisaähnlichen Studien auf den ersten 5 Plätzen, während wir uns jetzt im letzten Drittel bewegen (Tendenz fallend!).

Nun stellt sich heraus, daß man bei **uns weder studieren noch forschen noch unternehmen (noch investieren) will.** Was muß noch passieren? So wie der **Irak** einst das reichste und fortschrittlichste Land im arabischen Raum war, so könnten wir einst als eines der reichsten und fortschrittlichsten Länder im „alten Europa" gelten – in einer Zukunft, in der sich kaum noch jemand daran erinnern wird.

MERKBLATT 4

Quelle:
http://home.t-online.de/home/d.nix/weimar/weim01/weim101.htm

Weimarer Republik (Verfasser D. Nix,® 2000) ist genau genommen eine fiktive Bezeichnung und nicht der Name eines historischen Staates. Gemeint ist damit das Deutsche Reich republikanischer Verfassung zwischen den beiden Weltkriegen unter parlamentarischer Kontrolle und Gewaltenteilung.

Zeitgrenzen: Die Streubreite der zeitlichen Grenzen ist relativ groß und meist verbunden mit heutigen Urteilen. Während der Anfang noch ungefähr angegeben werden kann mit dem Untergang des Kaiserreiches 1918 und der verfassunggebenden Nationalversammlung in Weimar 1919 ist das Ende unklar und abhängig vom jeweiligen Urteilsmaßstab. Die republikanische Verfassung von Weimar blieb formal gültig bis zum Untergang Deutschlands als Völkerrechtssubjekt 1945. Andererseits gab es schon seit 1930 und um die Zeit der Nationalversammlung mit Notverordnungen und Präsidialkabinetten Vorgänge, die nicht heutigen Maßstäben von Demokratie entsprechen. Die Definitionen von Zeitgrenzen anhand dieses Maßstabs werden hier also weitgehend Ansichtssache bleiben.

Literaturverzeichnis

1. BIRKENBIHL, Vera F.:
   a) Das große Analograffiti-Buch. Junfermann Verlag, Paderborn 2002
   b) Das innere Archiv. GABAL Verlag, Offenbach 2002
   c) Hippocampus an Cortex! In: Gehirn & Geist, Verlag Spektrum der Wissenschaft, Heft 4/2002
   d) Kopf-Spiele (geplante Erscheinung 2004)
   e) Sprachen lernen leicht gemacht. GABAL Verlag, Offenbach 1998
   f) Von nix kommt nix. Video-Seminar, GABAL Verlag, Offenbach 2003
2. d'AVIS, Winfried: Der informierte Mensch. Edition im Quintessenz Verlag, Berlin 1999
3. LANGER, Ellen J.: Kluges Lernen – Sieben Kapitel über kreatives Denken und Handeln. rororo, Reinbek 2002
4. LEPENIES, Wolf: Haltet die Forscher! Eliten fliehen und neue sind nicht in Sicht. In: Süddeutsche Zeitung vom 9./10. August 2003
5. The Power of Mindful Learning. Perseus, Cambridge 1998
6. POSTMAN, Neil:
   a) Keine Götter mehr – Das Ende der Erziehung. dtv, München 1997
   b) Wir amüsieren uns zu Tode – Urteilsbildung im Zeitalter der Unterhaltungsindustrie. Fischer Taschenbuch Verlag, Frankfurt/Main 1988

Ausführliche Informationen sowie einen aktuellen Gesamtüberblick zu all meinen Büchern, Video-Vorträgen, Ton-Kassetten etc. finden Sie auf meiner Website **www.birkenbihl.de**

Stichwortverzeichnis

Diese 4 Produkte zeigen den Post-PISA-Lernansatz:

Wie man sich
jedes Wissens-Thema
mit Spielen
erschließen kann
128 Seiten,
broschiert

ISBN 3-89749-360-8

Sie sind hier!

ISBN 3-89749-399-3

Video-Vortrag 2003
120 Minuten

ISBN 3-89749-389-6

Video-Vortrag 2003
90 Minuten

ISBN 3-89749-390-X

GABAL Verlag GmbH
Postfach 200 252, 63077 Offenbach
Tel.: 0 69/83 00 66-0; Fax: 0 69/83 00 66-66
www.gabal-verlag.de · info@gabal-verlag.de